もくじ

はじめに

　面前 DV とは、子どもの前で、親が配偶者に暴力をふるうことです。子どもに暴力が及ばなくても、親同士の DV を目撃させられている子どもは心と脳に傷がつきます。友田ら（2012）の研究結果では、子ども時代に継続的に両親の DV を目撃した場合、普通の家庭に育った人に比べて、後頭葉の容積が 6.1% 減少していると記されています。

　最近になって、やっと面前 DV が、子どもに悪影響であることが記されてきました。

　本書は 11 名の面前 DV 被害者、または親からの暴力や虐待、または両方の被害を受けている方へのインタビュー調査をまとめたものです。

　私が「なぜこのようなインタビュー調査を行おうと思ったか」というと、DV 被害を受けているにも関わらず、「子どもから父親（母親）を奪ってはいけないのではないか」と考え、逃げることや離婚を躊躇している方がたくさんいるからです。

　40 代と 50 代の 2 名の方には、昔の、面前 DV と虐待被害という苦しい思いを切々と語って頂き、どう向き合ってきたか、そして現在もどう向き合っているかを教えて頂きました。

　さらに 9 名の方は 10 代後半〜 20 代前半という若い世代の方です。若い世代の被害者の方に心情を語っていただけたことは、大変、貴重なことでした。彼ら、彼女らの心の叫びから、読者の方々に多くのことを感じとって頂き、離れる決断をして頂ければと思います。

　インタビューを引き受けてくれた 11 名の方々も、現在、悩み、苦しんでいる人の解決策になればという気持ちで語ってくださいました。また、ご自身たちも、今なお苦しんでいる方もいます。11 名の方の体験、心情を読むことにより、読者の皆さまの解決策が見えてくることを願っています。

父から母への面前 DV と、父の暴力

　私の両親は会社員です。母は、私のためにいろいろなことをしてくれたので、大好きですが、父は、正直、言い方が悪いですが、苦しんで死んでほしいです。私が小学校低学年のとき、両親は離婚しました。でも、その前からほとんど、家にはいませんでした。会社員なので、夜勤とか言って、外に女性を作っていました。実際に、父は今、再婚して子どもができました。

　私も小さかったので、離婚後も、父と面会交流で会って、いろいろなところに連れて行ってもらっていました。母は、今思えば、嫌だったと思うけど、「会いに行ってもいいよ」、「あなたたちが行きたいと思うなら、お父さんとお出かけすればいい」と、私と兄に言っていました。母は、同席はしないで、兄と私で行きました。兄はたぶん、お父さんが好きだったのだと思います。

　具体的な DV の内容は、私が物心ついたころ、母方の祖父母から聞いています。離婚したとき、兄も、母のほうに引き取られて、親権も母でした。母と、私と兄で、母方の祖父母の家で暮らし始めました。

　私が物心ついた頃から、父は母に DV をしていました。私たちが寝てから、母は殴られて、顎が外れ、体にあざを作っていました。見えないところのあざなんですけど、一緒にお風呂に入ったときに、あざだらけでした。母は「机にぶつけちゃって」とか、言っていました。父は、母と子どもの前で、「俺は死ぬ」と言って、包丁を持って暴れていました。そう言っている人に限って、死なないですよね。父が暴れたときは、兄が暴れるのを止めていました。あと、家族の前で、自分の首に電気のコードを巻いて、「死ぬ」と言っていましたが、まだ生きています。

　母への身体的暴力は、子どもの前ではなかったけど、母は耐えられなくて、ご飯が食べられない状態で倒れて入院しました。それで、祖父母が「離婚しなさい」と言って、離婚したそうです。

私も幼稚園の頃、父にぶん投げられていて、その時は「私が悪いことをしたんだ、ごめんなさい」と思っていました。公園で遊んでいたら、危ない遊びをしたのかもしれませんが、突然、「お前、何しているんだ」と胸ぐらを掴まれて、ポーンと投げられました。それを、周りにいた保護者がみていて、母のところに連絡をして、「虐待じゃないか？」と言われたそうです。

　あと、父は、飼っていた犬を、目の前で叩きつけるのです。私の大好きな子犬なのに、私が子犬をかばったら、「お前のしつけが悪いからだ」と言われました。自分が投げられるより、目の前で見ているほうが苦しいです。動物って、何も言えないから、キャンキャン泣くしかないから、見てられなかった。

　あと、祖父母から聞いたのですが、子どものお年玉にまで手をだして、他の女の人に貢ぎ、ギャンブルをしていました。

　最近だと、私にラインをしてきて、「Aの兄弟が増えたよ、これからもよろしく」とか書いてきて、「お前、何様だ！」と思っています。どういう感情があって、そんなラインを送ってくるのだろうと思って。

　母は離婚後、急に過食になって、太ったりしていました。「大丈夫だよ」って言ってあげて、今は、体重も戻ったし、公務員の仕事を続けています。体調は、今も、あまり良いとは言えないと思います。

　父に対する今の感情は、痛みとか、苦しみを味わって、苦しんで死んでほしいです。こんなに家族を苦しめて、自分だけ再婚して、絶対おかしいですよ。父のことを「死ね」と思い始めたのは、高校生の頃からです。

　小学校の頃は、面会交流のときとか「お父さん、遊んで〜」とか、私も言っていました。中学１年の頃から、何か、おかしいと思いはじめて、母に、父との離婚理由を聞き出しました。中学生になるまで、お正月とか、父に会いに行ったのですが、なんか居心地悪くなってきて、行きたくなくなって、中学２年から、一切、会っていません。

　母のことは、ずっと大好きです。母は、「子どもから父を取りあげてはいけない」と思って、離婚を我慢していたようです。子どもが何かされなければ、自分が傷つくだけなら、我慢しようと思っていたそうです。母は耐える人なのです。いつも「私が悪いから」と言って、今でも言います。

面前 DV を裁判で証言

　今、両親が DV 裁判をしています。私も同行をしているのですが、裁判を聞いていると、私たち子どもが寝てから、父が母に、性暴力や威圧的な暴力があったようです。裁判で聞かされました。私が直接見ていた暴力は、父から兄への、頻繁な暴力です。成績が悪いと、洋服のタグをもって引きずり回したりしていました。母が止めると母を殴るので、小学生だった私は、大人に頼る術を知らなかったので、いっそう、父を殺してしまおうかと考えたこともあります。今は、勉強もしたので、児童相談所に行くべき案件だったと思います。

　私は小学校に入学したころから、父が嫌いでした。私が宿題をする準備をしていると、「早くしろ、遅い、そんなに嫌なら捨ててやる」と言われ、実際にプリントをぐちゃぐちゃに丸めて捨てられたことがあります。

　あと、意味もなく、怒鳴りまくります。特に、お酒を飲んでいるときが大変です。基本的に1年間を通して、5時に帰宅する人なので、5時から寝るまで、ずっとお酒を飲んでいます。だから、学校から帰るともう、父はお酒を飲んでいるので、怖かったです。夕食を食べながら、気に食わないことがあると、箸を折ったりしていました。

　家族で花火大会に行ったとき、父は助手席に乗ってお酒を飲んでいました。そうしたら、横をバイクが通ったので、そのバイクに向かって、空き缶を投げつけていました。本当に、あのときは肝が冷えました。

　私が中学1年のときに、母は限界で、家を飛び出して、友達の家やビジネスホテルを1人で転々としていました。その後、「お父さんのところには戻れない。Bたちが、私の方についてきたければ、一緒に逃げよう」と母に言われました。私と妹は母についていき、兄は「お父さんがかわいそう」と言って、家に残りました。

　別居先は、私と妹が転校をしないで済むような場所のアパートを借りて、3人で生活を始めました。しかし、私の中学と妹の小学校に、父が頻

繁に電話をかけてきたので、別の県に引っ越しました。父のせいで、友達
ともお別れをしなければならなくなったことを、恨んでいます。私たちの
人生の邪魔ばかりしてきます。

　別居後、面会交流を要求されたので、私と妹で、指定されたファミリー
レストランに行きました。面会は何度かしましたが、話が合わないので、
イライラしました。「進学費用は俺に任せろ。私立でも大丈夫だ」という
発言を堂々としたのに、次の面会では「そんなこと言っていない」の１点
張りでした。怒りを通りすぎて呆れました。どうしたらそんな、無責任な
発言ができるのだろうか。親権まで要求してきたくせして、理解できない
ので、面会交流に行くのをやめました。学費を払ってくれると思ったから、
面会交流に応じていたのですが、自分の都合で、学費の話がコロコロ変わ
るので、ストレスになるだけだし、時間の無駄だし、利益がないから、す
ぐに、弁護士さんに言って中止してもらいました。結局、父は、子どもの
学資保険も勝手に解約をして、使いこんでいることがわかりました。人間
として最低な人です。

　母も私も、お金なんて、父から求めないので、関わらないでほしいです。
大嫌いだし、見たくもないです。

＊　Ｃさん（40代　女性）
父から母への面前DVと、両親の虐待

　両親の DV は保育所のときから覚えています。その頃は DV という言葉
もなかったので、わからなかったけど、ほとんど母が発言する機会がなく
て、ずっと父だけが命令し続けていました。「こういうのも DV だよ」っ
て言われれば、それもあったと言えると思うのですが、そこが家で親だっ
たから、それが良いとか悪いとかわかりませんでした。父が母に命令をし
続けていて、母は「うんうん」と言ってそのとおりにしかしていませんで
した。母が言い返すという記憶は全くなく、会話が成立していないから、

ケンカにもなっていませんでした。

　父は、仕事をすぐに変える人だったから、イライラがたまっていたと思います。父は仕事のイライラとか、本当に食事中にチャブ台をひっくり返しました。父は、夕食は必ず、定時に帰ってきて家で食べるので、私と弟と母は正座で、父だけが、延々と演説のような説教、箸は投げるし、ご飯が入っていても茶碗は投げるし、誰も何も言わなくてもそういうことをしていました。怖いことでした。片付けるのは、母と私。私も自分が片づけなければと思っていて、母のことをかわいそうだと思っていて、子どもとして、どちらが好きという対象はないのですが、無表情に聞いていました。

　私は、たまに泣いたかもしれないのですが、母は、チャブ台をひっくり返されても言葉を発しない、何も言えない人でした。母はあきらめの表情で、怒りとか悲しみを内側に貯めていたのだと思う、何の反応もしません。私が生まれたころ、1度言い返したら、10も20も仕返しされたと、だからあきらめたと、産後すぐ、目の前の夫に「何か言おう」とかという気力も湧かなかったそうです。

　母はただ、毎日、無表情で食べ続け、涙をぬぐっていることはあったかな。父の気持ちが収まらず、すべて母の責任にしていました。小学1年生のとき、一番怖かったのは、大声で怒鳴りつけて、母にも私にも「なんだてめえ、はり倒すぞ」とすごい剣幕で怒鳴って、実際に殴られなくても、ものすごい恐怖でした。

　一方で、母を守りたいというのが私のなかにあって、母の代わりに私が父から殴られたことはかなりありました。父が母を怒鳴るのをとめると、私が殴られ、弟は逃げていました。母をかばうから、結果的に矛先が私に向いて、殴られる、ものすごく怖かった記憶が何回かあります。父の怒鳴り声がする、どかんと投げている音がするときは、階段のところで聞いて、様子を伺っていました。母を殴っていなくても、本を投げたりしていました。3〜4時間、そのようなことを、父はしていました。何が起こっているのかと思って、ドアを開けると怒られるので、母が大丈夫か、階段に隠れて聞いていました。

「このような状態をみていた C さんは、面前 DV についてどう思いますか？」

最近、面前 DV という言葉を知りました。脳に影響があると聞いて、自分が当事者だということを知って、面前 DV は悪い影響しかないと思います。「こわい、つらい、自分のせいじゃないか？」という気持ちがたくさん湧いて、今、そういうことになっているお子さんがいたら、子どもさんは、「自分は面前 DV を受けている」と説明ができないと思います。「面前 DV」という名前がついたことは意味があることだと思います。

「暴力が C さん自身にも及んでいたというお話ですが、他にどんな暴力がありましたか？　母親からは無かったのですか？」

両方からありました。小さい時は父からでしたね。小学 3〜4 年の頃から父親が「女と子どもはバカだ、豚だ」と言っていたので、母は、娘が第 2 次性徴を迎えるのが許せなかったみたいです。女性が嫌だったのかもしれませんね。弟はかわいがっていましたから。娘が女性になっていくことが認められなかったようです。両親ともに私に「女は価値がない。弟は男だからいいけど。女には教育もいらないし、家事をすればいいんだ」。両親は私を使用人だと思っていたみたいです。月経がきたときに、小学校ではお母さんがナプキンを用意してくれると教えてくれたのに、私の家は下着やナプキンは用意してくれなかったどころか、母親に生理がきたことを話したら、にらみつけて、父に言いつけにいきました。結局、生理について放置されました。母親が若い女性が嫌みたいで、それは母親のなかに、「若い女性のほうが、価値がある」と思い込んでいて、性を否定された感じです。女性であることはいけないことだと思っていました。だから、月経がくるのが不安になり、ただでさえお腹がいたいのに、余計、具合が悪くなっていました。身体が大きくなるにつれ、母親が、私のことを気に入らなくなっていることがわかり、悲しかったです。

私の月経がはじまってから母のイライラはたまっていきました。高校受験のときも、私に高校を選ぶ権利はなく、「父がこの高校と決めているからここ」と、母は担任の先生に言っていました。一応私立も受けさせてもらいましたが、県立を落ちたら、自殺をするしかないと思っていました。

弟にお金をかけたいと言われたし、年子だし。県立を落ちたら、「死ぬし
かないよ」と言われました。

　小さい時は爪をずっとかんでいましたし、歯をくいしばっていて、成人
してから、顎関節症になりました。緊張感が高くて、歯がすりへっている
と歯医者さんに言われました。ひとり暮らしをするようになってから、そ
れに気づきました。

　高校を卒業して、県外でひとり暮らしをしたのですが、おっかなくて、
追いかけてくると思っていました。実際、見に来たり、にやにやしなが
ら、私が頼んでいない机を買ってきたりされました。家を出てから、両親
が「バカ」と言いに来たりする悪夢を、みるようになりました。帰りたい
けど、怖いから実家に帰りませんでした。

**「DV家庭に育ったことにより、今、ご自身を苦しめている事を自由に
話してください」**

　両親が離婚をしたので、母の介護をしているのですが、自分を苦しめた
人、暴力的だった人を看るというのが一番つらいです。好きとか嫌いの感
情もわかないし、怒りもわかない。母親は今、統合失調症になっています
が、昔から、重い患者さんだったのだろうなあと思います。この病気だか
ら、何十年前、こんなおかしな行動があったのだろうなあと思うことがあ
ります。介護は楽しくないけど、心配。でもすごく疲れます。他に、精神
障害のある母親をみる人はいないと思って、しょうがなくみているけど、
今度、弟から、「お前がいけない」と言われ始めています。大きくなって
も、「みんなお前がいけない」と言って押しつけて、どこかに行ってしま
います。あきらめるしかないという感じです。

　父親は1人で生活をしています。どういう生活をしているかわからない
けど、心配ではあるが、怖いから行けないです。

父から母への面前DVと、父の精神的暴力

　私が物心ついたころ（幼稚園の頃）から、父から母へのDVがあったように記憶しています。父から母へ身体的暴力がありました。毎日ではありませんが、父は気に障ることがあると、暴れたり、母を殴ったりとか、母の首を絞めたりを、時々というか、私の感覚では、「またか」という感覚でした。私が10歳のとき、両親は離婚したので、それまでは日常的にDVを見ていました。兄弟は4歳年下と、9歳年下の弟がいます。上の弟のほうも、物心ついたころからDVを見ていたと思います。下の弟が1歳のときに離婚をしているので、わからなかったと思います。最初は3人とも母に引き取られたのですが、半年か1年で生活が立ちいかなくなって、当時、父は工場を経営していて、後継ぎがほしいということで、弟2人は、父に途中から引き取られました。父は、女が途切れない人で（離婚の理由も不倫が原因だったので）、父は離婚と同時に、付き合っていた女性と結婚をしました。その女性も2人の娘がいる人だったので、弟2人と、女性の連れ子の娘2人の6人で生活をはじめたそうです。弟の話では、父の暴力は、再婚相手にも続いていたようです。

　とにかく、暴力のきっかけは自分次第の人なので、例えば、母が料理をして食卓を囲むと、虫の居所が悪い時に、暴力をふるう原因を探す人でした。味噌汁がでていたら、「なんで今日はお吸い物じゃないのだ」とか、しょうゆ味でも、「なんで、キッコーマンの醤油じゃないのだ」とキレ始めて、物にあたるだけで終わることもありますが、母に暴力をふるったり、お椀を投げたり、チャブ台ごとひっくり返したりしていました。着火点も、やることも、すべてのことが自分次第でした。瞬間湯沸かし的でした。部屋が惨状状態になったり、母がケガをしたりして、子どもが泣き叫ぶと、「パパが悪かった、ごめんね、ごめんよ、ごめんよ」と泣いて謝る父でした。子どもが寄っていかないと、また「なんで、俺を避けるのだ」とキレるわけですよ。

小さいときは、恐怖で、凍りつくしかありませんでした。たぶん、母が暴力を振るわれているときは、そばで私は泣いていたと思います。

　私が成人してから、母が話してくれたのですが、離婚を決意した理由は、暴力、外に女性がいることも原因ですが、「外の女とセックスをしているのに、自分にもまだ、求めてくることが耐えられなかった。外に女をつくるのはどうでもいいから、だったら自分に障らないでほしかった」と言っていました。

　母と２人の生活になって、母は、働いていました。別れてすぐは、身内が居酒屋をやっていたので、そこで働いたり、昼はパートをしたり、仕事を、３か所くらい掛け持ちしていました。母の寝顔がシミだらけになって、目にもくまを作っていたのを覚えています。そのあとお金をためて、母は自分でスナックを始めました。母はお酒も飲めない人なのですが、居酒屋の経験を生かして、見様見真似で経営をして、生活をぎりぎり保っていました。私も、母の離婚で転校をしたので、「水商売の家の子」といじめられました。

「今、父親に対して、どう思っていますか？」

　父は２年前に死にました。私が最後に会ったのは、20年前なので、後で知った感じです。父には、会わないと決めていました。その理由は、母が離婚してからも、私は弟に会いに、父宅を訪れていました。そのとき、私にわざと恥をかかせたり、言葉の暴力を浴びせました。すごい、言葉の暴力でした。10歳のときから私が30歳過ぎても、会えば、言葉の暴力だったので、「会いたくないな」とは思っていたのですが、その当時は、肉親は会わなければいけないものだと思っていました。だけど、ある時、ちょっとしたことがあって、自分のなかで、私の父親って、遺伝的に父親なだけだと思って、以後、罪悪感もなく、父との関係を切りました。父というものの存在がなくなりました。気づくと、認知が変わったので、父の存在が自分のなかで消滅してしまいました。だから、罪悪感なく、父とは会わなくてもよいと思うようになりました。死んだときも、「危篤」って聞いたとき、母と弟は顔を出しましたが、私はもちろん行きませんでした。「死んだ」って聞いても、「ああそうなの」って言って、火葬場に行くとき

だけ、母と弟が行くと言ったので、見送りました。母と弟は涙ぐんでいま
したが、私は今でも、全く涙がでません。父に対して、心が何も動かない
のです。父に対しては、小さいころから、嫌悪感と不信感ですね。憎しみ
は早いうちになくなったように思います。今でも、嫌悪感はあると思いま
す。なぜかというと、あの男と同じ血が流れているというところの嫌悪感
がなくならないのだと思います。実際に、父に会っているときは嫌なもの
をみる嫌悪感です。

**「DV 家庭に育った人は、また、暴力的な人に近づいてしまうというの
があるのですが、Dさんの結婚相手は優しい人のようですが、どうすれ
ば、幸せな結婚ができるのでしょうか？」**

　運とか巡り合わせもあると思いますが、小さい時から、「父のような男
は嫌だ」と確信していました。気づきが大切なのだと思います。肉親だか
らというところに引きずられないで、切るものは切ったほうが良いと思っ
ています。血のつながりより、今、生きているなかで価値観が共有できる
他人のほうが、大事だと思っています。

　母親は、離婚してから5〜6年たったころに彼氏ができて、30年以上、
連れ添っていました。私も、その人のことは「とても良い人」と思ってい
ました。私は早く独立したので、その男の人と暮らしていませんが、母は
その人と、半同棲みたいな感じでした。まあ、母は、その人と一緒で幸せ
そうだったから、よかったと思います。もう死にましたけど。所詮、夫婦
は他人ですから。

　うちの父は、家族以外にはウケが良くて、第1印象、愛嬌があって、饒
舌で、話がとてもおもしろくて、場を盛りあげるのも得意で、一見すると
魅力的な男性です。だから、女が切れませんでした。一方、家族には、自
己中心的で、気に食わないことがあると暴れるという、自分軸で地球がま
わっているような人間でした。父は、町工場を経営していたから、小金に
困っていないから、よけい、女と遊ぶことができたのだと思います。最終
的には、父は、工場が傾いて、倒産して、自己破産して、生活保護をも
らって、アパートで1人暮らしでした。再婚相手とも離婚をしていました
から。3回結婚をして、すべて離婚しました。一人暮らしが立ち行かなく

なって、糖尿病と肺炎で病院に入って、すぐ死にました。あるとき役所から、「生活保護受給者の○○さんは、あなたの父親ですから、支援をしてほしい」という手紙がきました。理由を役所の人に話したら、書類を送るので、余白にその旨を書くように言われて、送り返したら、何の音沙汰もなくなりました。

母の暴力と不登校

　母から父へのDVもありましたし、私への暴力もありました。母が私に暴力をふるうので、それを止めようとすると、母が父を叩きます。基本的に母が発狂をすると、壁に物をぶつけたり、蹴ったりするので、それを止めようとすると、父が殴られます。

　母の暴力の原因は、小学校４年生の頃から私が学校に行かなくなったので、祖母や学校から「学校に行くようにしないと」と言われはじめて、母は焦りから、私を叩くようになりました。布団をむしりとって、引っ張って叩く。あと、父の物を子ども（私と弟たち）に投げつけてきました。雑巾を一番下の弟に投げるとか、母には波があって、今は、私は叩かれなくなったけど、弟が叩かれています。弟は３歳下と５歳下にいます。今は、弟も高校２年と小学校６年なので、身体も大きくなってきたので、母は弟たちに手はださず、母が勝手に鬱々としています。でも、父のことは叩いていると思う。父は絶対にやり返さないけれど、１回だけ、母が私を叩きすぎたので、母をねじ伏せていたことがあります。

　母はパートにも出ているので、昼間はいないので、不登校のときは、昼間は安全でした。母が荒れ始めると、私はいつも布団をかぶっていました。家族がみんなでごはんを食べていても、私はひとりで子ども部屋で寝ているという感じでした。

　母から「離婚したい」って言っていましたが、離婚していないですね。

私が学校に行かなくても黙認されるという環境を作ってしまったので、それでもある程度の成績がとれていたので、弟たちも「行かなくても大丈夫」と思って、今、弟たちが行ったり行かなかったりです。高校生の弟は外に出るのが怖いタイプで、通信制の高校に行って、中学生の弟は普通に通っています。

　今の気持ちは、大学の教育心理学の授業を受けて、家庭内の出来事が影響あったのだなあと、全部あてはまるというか、ほとんどのことに「ああ、そうだわ」って思います。親と距離をおくことにより、若干、楽になった気はします。

　小学校、中学のときは、母の暴力がすごかったけど、高校に入ったころから、私は叩かれなくなったから、高校生のときは母と私が共依存の関係になってきて、「母は私がいないとダメ」、「私も母がいないとダメ」、みたいな、それがまた薄れてきて、親元を離れました。

　小学校４年のときに学校に行かなくなった理由は、今思うと、小学校のときリーダー的存在で、１日、熱がでて休んだら、お父さんが仕事を休んでうどんを作ってくれて、そしたら「あれ」って思って、緊張の糸が切れてしまいました。人間関係に疑問があらわれた時期だったので、家にいたほうが楽かなと思って、行ったり、行かなかったり、が始まってしまいました。

　不登校の時期は、学校側に問題があるのではなく、行ってないから勉強が不安、「学校がどうなっているかな」という不安があって、朝、気持ち悪くなってしまっていました。

　親同士は、僕が知っている限りでは、ずっと仲が悪かったと思います。2人とも仕事をしていたので、一緒にいる時というのはなかったと思います。小学校までは、○○県にいて、居られなくなって、僕のみ、中学から○○県の祖父母と暮らし始めました。マンションに住んでいて、鍵っ子で、一人っ子で、小学校から私立に行っていました。僕が赤ちゃんの頃は仲が良かったみたいですが、僕が小学校に入るときから、教育方針が違ったようです。

　親は、2人ともずっと仕事で、ほとんど家にいませんでした。僕が小学校受験だったので、幼稚園の年長の頃から、両親が教育方針で喧嘩になり、祖父母が仲裁のために来ていました。特に、母方の祖父母が来ていました。母は、僕に英才教育をさせたいと思っていました。今、考えたらおかしいなあと思うくらい、すごい熱の入れ方でした。幼稚園の年長のときから、受験教材を取り寄せて、1日5時間は勉強をしていました。小さいとき、知能指数の検査をしたら、その時、とても高くて、「この子なら東大とか早稲田を目指せる頭ですよ」と言われたらしく、僕の可能性を引き出したいと言って、母の熱が入ってしまいました。小学校受験は成功して、英才教育の小学校に入学しました。朝5時に家を出て、小学校に2時間くらいかけて行って、誰もいない家に6時くらいに帰って、夕食はお弁当かカップラーメンで、たまに母がいたりして。両方、いない日もありました。だから、一人で寝ました。朝起きると、親がいて、母さんは寝ているという感じです。両方、夜いないのは、日常でした。帰ってきても遅くて、「ごはん、食べたか？」って言われるくらいでした。朝、自分で起きて、トーストとかを食べて、昼は給食でした。

　4年生の頃から、試験が始まって、勉強が嫌いだったので、英語とか社会が60〜70点くらいしかとれなくて、それを親が重く受け止めて、塾に行かされました。5時頃、学校から帰ってきて、塾で3〜4時間くらい

勉強をしました。そして10時ころ家に帰る感じでした。多少、点数はあがったのですが、あまり、勉強に意欲がもてなくて、周りが優秀な子ばかりなので、母が心配をして、土曜も朝から晩まで塾になってしまいました。

　今考えると、教育虐待ですね。そのころ父が、仕事のストレスでおかしくなっていて、僕もおかしくなってしまって、お風呂に入らなかったりとか、身だしなみが崩れてきたので、私立の小学校だったので、学校から親に指導がはいり、「Fくん、シャツが最近、汚れている。学校の制服なので、身だしなみが整っていないと困ります」と言われたそうです。そうしたら、親同士がまた、すごい喧嘩になりました。それで、親が両方、夜の9時ころには家に帰るようになったら、毎日、喧嘩をするようになってしまいました。一緒にいる時間が喧嘩をする時間という感じでした。塾から帰ってくると、喧嘩しているし、部屋に閉じこもって寝て、朝起きたら、逃げるように学校に行きました。

　学校に行っても、勉強を頑張るわけではなかったので、成績が下がってきて、母が「塾にもっと行け」といいました。6年生の最後に、英語の先生が、みんなの前で、英語で発表する授業を始めました。それが、なんかすごく嫌で、みんなの前に立つのも嫌だし、英語が好きではないので、「学校いやだな」と思い始めて、塾にも6年生で行かなくなり、自由な時間ができました。それで、家で寝ながら本とかを読んで、ぼーっとしていたら、次の日、学校に行けなくて、それは、なぜかわからないのですが、「行けないな」と思って、父親には「体調が悪い」と言ったら、「いいよ、行かなくて」と言われました。

　親は仕事に行ったので、1日中、家でぼーっとしていたら、すごく楽で、次の日も行かなかったら、そこらへんで、怒られて、無理やり行ったんですが、友達といるときは楽しいけど、授業中は寝てばかりになってしまいました。その後は、自分の部屋にこもって、朝も体調が悪くて、学校に行くふりをして、親が会社に行ったのを、駅のトイレで確認をして、家に戻って、ぼーっとしていました。そういう生活を繰り返していたら、もちろん、学校から親に連絡が入って、母がすごく重く受け止めて、父は、「少し休め」と言っていたのですが、祖母まで来てしまい、説得され、それが、とにかくうっとうしかったです。ちょっと休みたかっただけなの

に、なんで、こんなに言われなければいけないのだろうと思って、「今まで、頑張ってきたのに」と思って、自分の部屋の扉のまえに洋服ダンスを置いて、外から開けられないようにしました。ごはんも食べられないし、トイレにも行けない状態は長くは続けられませんでした。でも、親に何を言われても、聞かないようにする、定期的に祖母がきて、母と祖母の話声が聞こえると、それも嫌だ、という感じになっていました。そうしたら、気づいたら、小学校の卒業式が終わっていて、本当に、自分は、卒業式が過ぎていたのも気づかなくて、友達からはメールが入って、中学校に行かなければなあと思ったのだけど、行ける気がしなくなりました。

　そのあと、父方の祖父も出てきて、また喧嘩になって、「F、どうしたい？」って言われて、「正直、お父さんとお母さんとはいたくないかな、いても、今の状態を解決できない気がする」と言いました。そして、一刻も早く、親元を離れたくて、叔母夫婦の家に行きました。そこに住んで、公立の中学校に行こうとしました。だけど、行ってみたら、すごいギャップがあって、私立だったからお坊ちゃましかいなかった環境から、田舎の公立は校舎は汚いし、言葉は悪いしと思っていたら、学校に行かなくなってしまいました。

　親は離れていたので、何も言ってきませんでした。親は、僕が出て行って、２人になったら、喧嘩がひどくなって、離婚の話もでていたようですが、親の話を聞きたくなかったので、聞かないようにしていました。叔母が、親の話をしだしたら、２階に上がっていってしまいました。

　僕は中学に行かなくなり、市の教育支援教室（サポート室）の女の先生が来てくれて、支援室に３年間、ほとんど毎日行っていました。朝起きるのが嫌とか、学校が嫌とかではないのだけど、なんか、行けなくなっていました。支援教室だと、安心感があったので、行けました。自分でも理由はわからなかったのですが。支援室の先生がすごく良い人で、助けてもらいました。その先生に、高校進学のアドバイスをもらって、寮生活の職業高校に行きました。寮だったので、寮に入ったら、学校に行く以外ないので、すごい田舎だし、今考えたら、すごく良かったと思います。高校は、毎日行きました。高校ではトップのほうで、推薦をもらって、大学に入りました。

親は、今、父は○○県に単身赴任で、社宅に住んでいます。母は、○○県のマンションに住んでいます。父とは仲直りしているので、理解者になっています。僕が不登校になったときも、外に２人で遊びに行こうと、誘いだしてくれたりしましたから。

　僕は、高校で人脈が増えました。今、親に対しては、母が、時々電話をしてきて、「本当に仕事に疲れた、こんなに働いているのは、あなたの大学費用のためなのよ」とか言ってくるので、それが嫌で、親が、お金くれるって言っているけど、「いらない」と言っています。バイトで生活しています。父は、お金のことは言わないし、僕の精神面を一番に考えてくれます。母に対しては、ごはんを作ってくれたこともあるし、好きな部分もあるのですが、悪い部分で、学歴とか就職のこととか、干渉をしてくるので、関わりたくないです。父も問題はあって、１度、アルコール依存症になったことがあって、母と僕とのことが理由だと思いますが、心労が重なったみたいで。普段は、母に言い込められてしまう、気が弱い父なので、お酒を飲んで、強気になって、やっと母と喧嘩ができるという人です。

　小さい時から、僕は反抗するタイミングがありませんでした。唯一の反抗は、学校に行かなかったことでしょうかね。でも小学４年のころとか、勉強をしないときとかがあったので、母に頭を叩かれたりはしました。勉強する時間に、違うことをしていたときだと思います。父からは暴力はないです。小さいときから、母方の祖母とかが、家にきて、勉強をしていると「えらいね、Ｆは」というので、えらい自分でいなければと常に思っていて、正直、今も少し、そういう気持ちがあります。自分のなかで、勉強を頑張る子はえらくて、がんばらないと、一気に、自分の周りが敵になってしまいます。

　高校生のときから寮生活だったので、親に情報がいかないように、高校の先生にも中学に行けなかった理由も親が原因だから、と言ってあったので、ちょっと理解してくれて、親に連絡をいれるときは、僕にワンクッションおいてくれて、連絡をする人を選んで、父に連絡をしてもらっていました。僕は、母親の家系とかかわりたくないです。就職したら、母方と縁を切るわけではないですが、距離は置きたいと思っています。

＊ Gさん（10代後半 女性）

父のひどい虐待

物心ついたころから、父親からの虐待は、私、弟、妹にありました。後から聞いた話ですが、父はうつ病だったらしく、母が病院に通わせていたのですが、突然、自分で「完治した」と言い出して、病院に行かなくなってから再発しました。基本的には、子どもを殴る蹴るは当たり前、お酒は全く飲まないですが、タバコ依存、仕事のストレスの発散で、一番ひどいときは私が小学校のころですね。勉強ができないと、「なんでできないの」と言って、アルミ製の大きな定規とか、剣道の竹刀で殴られました。東北の冬でも、はだしで外に出されたり、ベランダに出されたりしました。妹は2歳下で、勉強ができますが、母に似ているからと言って殴られました。7歳下の弟は、2〜3歳の頃、泣いてうるさいからと言って、突然裸にされて、お風呂場に転がされていて、「泣いている、どうしよう」と思って探しに行くと、お風呂場のカギがしまっていて、無理やりあけると、弟が全裸で泣いていました。助けると、怒られることもありました。頻繁に怒るので、弟が泣いていると、お父さんに何かされているのではないかと思って、探しまわっていました。お父さんの気持ちの波で、弟にすごく優しいときと、全裸で風呂に閉じ込める時がありました。

父は母が、怖かったみたいです。母が強いから、母には暴力を振るわないで避けている感じでした。母は、父が子どもに暴力を振るいだすと、すごい勢いで「何しているの？」と言って戦いにいくので、父は家を出ていきます。だけど、すぐ帰ってきます。自分の気分が落ち着くと帰ってきて、部屋にこもるか、父の祖父母と住んでいたので、祖父母の家にこもっていました。祖父母は、孫が暴行をうけているときも、よほどひどいときだけ「やめて」とか言うけど、基本的には、「子どもが悪い」と言っていました。お母さんは、すぐに止めに入ってくれます。母が父を殴って止めに入ったりします。

私が中学生の反抗期のとき、離婚しました。3人とも、母側につきまし

たが、弟だけ、「俺の息子だから、おいてけ」と言っていました。「ダメ
だ」って言って、私と妹とお母さんで家庭裁判所に行って、弟をとりまし
た。お父さんは祖父母と住んでいます。私が中学の時から母と4人で暮ら
して、安心しています。

　父に虐待されている頃は、「家に帰るのが怖い、いつ帰ってくるだろう」
と思って、妹と弟には早く寝るように言いました。父は、夜、寝てから
も、いきなり部屋に入ってきて、「部屋が汚いぞ」とか言ってきて起こさ
れました。顔をみたくないから、早く寝るようにしていました。父が、土
日、家にいるのがすごく苦痛で、いつ暴れるだろうとか、怒っているなあ
と思ったら、また殴られる、っていうあきらめもありましたし、母も、止
めるのに限界のときもあって、殴られている最中は「早く終わらないか
な」って感じでした。いつまで続くのかな、痛いなあ。逆に、妹と弟がや
られているのを見ている方が嫌で、止めに入ると、私が暴力を受けました。

　両親の離婚後、最初は、いとこを通して、「面会交流をさせろ」と言わ
れていましたが、父といとこの兄弟関係が悪いから、面会交流をせずに済
みました。弟は、あまり父を覚えていません。今は、連絡は母にはいか
ず、なぜかわからないけど、妹にいきます。知らない番号から連絡が来る
と、母が「あっちだよ」と言って、妹が「嫌だ」といって、電話を着信拒
否して、番号も変えました。

　養育費は入れてはいるみたいですが、父の給料の限界があるから、そん
なにもらっていない、お母さんが働いています。

　父親を殺してやりたいと思ったことがありました。小学生の高学年に
なったころから、「自分の家は違う」と思って、それが当たり前の日常に
なってしまっていたけど、「やっぱり他とは違う」と、「やっぱり、この家
はおかしい。この人がいたら、私ら、死んでしまう」と思って、そのころ
から、母に「剣道をしたい」と言いました。今まで興味なかったけど、
「なんで？」と母に聞かれて、「妹たちが殴られているのをみて、嫌だか
ら」と言いました。「父親が事故に遭わないかなとか、病気で倒れてその
まま死んでくれ」とか思っていました。父親だと思いたくないし、今は、
血がつながっているというのが嫌です。生きているのかどうかもわからな
いから、どうでもいいです。今のほうが幸せだから、近づいてきてほしく

ないし、妹も傷つきはあると思うけど、今は、やりたいことに集中できているし、弟は父親のことを覚えていないし、今は生活が落ち着いているから、近づいてほしくないです。今、近づいてきたら、殺してしまうかもしれません。母のことは大好きです。

* H君（20代前半　男性）
両親の暴力

　叩かれることになったのは、記憶があるころからで、それが普通なのかなあと思っていました。何かあったから叩かれたんだと思います。例えば、何か悪さをしたときに叩かれることが多くて、両親からです。父がお酒飲んでいて、幼稚園のころ、僕がストーブの線をずっと踏んでいて、「危ないだろ、爆発したらどうするんだ」と言われて、僕が口答えをしたみたいで、父がカッとなって、ぼくを投げたのかな、そのときは、母が止めてくれました。その後も、ときどき嘘をついたりしたから、「ば～ん」と叩かれました。父も母も、一番ひどかったのが中学２年のときで、クラスの女の子ともめて、僕が悪かったので、向こうの親御さんのところに謝りにいきました。家に帰ってきて、15分くらい、父からタコ殴りで投げられて、馬乗りになって殴られて、顔とか耳とか、原型はあるけど、すごいことになって、ずっと踏まれていたので、青タンとかもたくさんできて、３日間くらいご飯を食べられなくなってしまいました。食べると胸がチクチクしました。
　今思うと、あれは鬱で、学校にも行ったり、行かなかったりになってしまって、友達ともうまくいかないことが重なって、不登校じゃないけど、学校に行きたくなくなって、朝、不登校ぎみになってしまいました。家のルールとして「人に迷惑をかけない」と「学校に必ず行く」だったので、母にスイッチが入って、今でも覚えているのですが、扇風機でボコボコにされて、馬乗りにされて、目を殴られて、このままでは殺されると思って、

制服を着ていたけど、靴を履かないで逃げだしたら、泣いているし、足も
ひきずっているし、目に青タンもできているから、近所の知らない人に保
護されました。そのシーンを、妹の幼稚園の先生が見ていて、病院に連れ
て行ってくれました。

　「今、お母さんに会わせると危ないから」ってことで、仲よくしていた
家族の人が車で迎えにきてくれて、そのまま病院に行ったら、児童相談所
の人がきました。僕が一番辛かったのは、児童相談所で、やり口が汚いと
いうか、「一緒に来てくれない」と言われて、「今回の件はぼくも悪いか
ら、とりあえず、母と話をさせてくれ、妹のこともあるし、心配だから、
家に帰らせてくれ」と言ったのですが、結局３時間くらい話して、急に
「時間切れ」と言われて、児童相談所に連行されました。

　児童相談所は、いろいろな事情で来ている子が多いから、児童相談所の
いう事を聞かない子もいました。小学１年生から高校３年生までが生活を
しているのですが、僕みたいに虐待で入っている子もいれば、素行が悪く
て入る子もいて、小学校の低学年とかでも素行の悪い子がいて、相談所の
先生に怒られて、「お前、だから親に捨てられたんだ」とか言われて、小
さい子が「ちがう」とか叫んでも、「てめえは屑だから、帰れないんだ」
と、その子、髪の毛をつかまれて小部屋に連れ込まれて、見えないのです
が、どう考えても叩かれていました。その時、僕も２、３日前に親に暴力
を受けて、気持ちもピリピリしていたので、僕は５日間しか入っていない
けど児童相談所が怖かったです。家に戻って、母と僕が話して、「すみま
せんでした」と。児童相談所で親は「暴力しない」みたいなサインをし
て、そこからは、親の暴力はなくなりました。

　父と母は、口げんかはあるけど、DVというように、どちらかが一方的
にやられるようなことはありません。母は自分の父親が体育会系の人で、
毎日、叩かれていたみたいですが、母はため込むタイプなので。僕は毎日、
叩かれたわけではないから、年数回、小さかったときは、記憶があいまい
なのですが、しつけの範囲内に叩かれていたと思います。

　今、ニュースとかで、「虐待を疑ったらすぐ、児童相談所へ」と言って
いるけど、僕は、体験者からすれば、親に叩かれた、殴られたより、児童
相談所の出来事のほうがトラウマになっています。あの時、病院からすぐ

児童相談所に連れて行かれずに、病院に何日かいて、その間に児童相談所と親が話し合ってくれていたら、僕の傷も浅くて済んでいたけど、親に連絡もせずに、急に「もう、決まった事だから」とやみくもに引き離されて、入ってみたら中で暴力があって、僕は言われなかったけど、小さい子が罵声を浴びせられて、慣れない集団生活で、5日間、毎日そんなことが起きるので、それがトラウマですね。

　親同士は今も仲よくしているし、自分も家と連絡をとっています。

　感情としては、最近は、自分も大人になっているので、僕が何もしなければ叩かれることは無かったので、そう思えば、叩いたほうも悪いですが、お互い、良い成長をしてきたかなあと、傷にはなっていないです。父と、帰省したときに口論になったりはしますが、「それはちがうでしょ」みたいに僕が言いますが、今は手が出ることはない、手が出たら、やり返すと思うので。父も母も、僕は今は好きです。尊敬をしている部分もありますし、母に対しても、叩かれたからと言って、今は恨みはありません。中学生から高校1年の頃までは、特に中学3年生のときは、両親のことを「いつか殺してやる」って思っていました。高校2年くらいから、僕が大人に近づいてきたので、逆に、「自分はできない子だったから叩かれたのだろうな」と、落ち込みというか、そちらの方向に考え、自分を責めていました。母はお弁当とかはもちろん作ってくれましたし、ごはんも作ってくれました。そういう面はちゃんとしてくれました。スイッチ入ってしまう時だけです。

　昔はいろいろあって、今、一番つらいのは、「虐待を受けた子は、必ず自分の子どもに虐待をする」とかマスコミが言っているから、それを言われるのが、一番悲しいし、怖いです。親と同じことを無意識のうちにやってしまう、みたいな、「自分が叩かれた痛みを知っているからやらないでしょ」とか、友達に言っています。子育てをしていないからわからないし、結婚しないほうがいいのかなとか、先は見えないから、考えてもしょうがないのですが、それが一番傷つきます。落ち込みに入ってしまいます。テレビで児童相談所の話とかが出てくると、気持ちが悪くなるのは、トラウマになっているからだと思います。

父の暴力

　サッカーをずっとやっていて、覚えている限りだと、小学１年から６年までの間が、一番暴力がひどかったと思います。一番覚えているのは、小学６年のとき、僕はキャプテンをしていて、父親がコーチをしていて、「サッカー部がたるんでいるだろう」と言って、みんなの前で蹴られるというのが嫌でした。格別にそれが頭に残っているという出来事です。小さいときは、物心ついたときから、叩かれていました。ご飯を食べないと「なんで食べないんだ」と叩かれました。一番変だと思ったことは、家で宿題をしていると怒鳴られる、「ただいま」と帰ってきて、「おかえり」と言って、宿題をしていると、「なんで、こんなところで宿題をしているんだ、おれは、仕事で疲れて帰ってきたんだ、宿題なんて学校でやってくるものだろう」と言われていました。３人男兄弟ですが、みんな叩かれています。サッカーで叩かれることが多いです。「集中していない」と言われて、いきなりボールが飛んでくるというくらいのことは、３人ともあったと思います。自分が一番、落ちつきがなかったので、「もっとできるだろう」みたいに、期待があったのかもしれませんが、期待の数だけ、暴力もきました。外出するときとかも、「早く準備しろよ」、とか言って、叩かれたりもしました。

　「なんで、ここで怒られなければいけないんだろうか」というか、兄弟は父にあきらめているというか、母はそういう父の姿が嫌だったと思います。母も働いていたから、あまり、子どもが怒鳴られているタイミングをみることはなかったのですが、知っていたようです。「なんかおかしいよね」と、兄弟と母で話していました。父も母には手はだしていないと思うし、母を怒鳴ることもなかったと思います。父は母のことは好きだったと思います。でも母は、父のことを「おかしいよね」と言っていました。「なんかよくわからないし、どういう教育しているんだろうね」と言っていました。父自身が厳しく育っているから、子どもに手がでてしまうのだ

と思います。すぐ近くに住んでいる祖父母は父方の親なのですが、父と祖父母がとにかく仲が悪いです。父が祖父母を拒絶している感じで、「おれは、じいさん、ばあさんのことは知らん、おれは面倒をみない」と言っていました。

　悪いことをすると、父に玄関から引きずり出されていました。例えば、ご飯を決まった時間に食べないとか、お風呂に入れと言われた時に「後で」と言ったり、宿題を家でやっているとかで、外に出されました。外に出されてカギをしめられるから、祖父母の家が30秒くらいのところなので、泊めてもらいに行きました。幼稚園のころから、外に出されていたので、外に出されたら、祖父母の家に行くと「また来たよ」って。祖父が父に、「また来てたぞ」、と言いますが、父は無視、拒絶状態。母が、祖母から「また来てたわよ」って言われるから、嫌だったと思う。母は「そうなんだけど、もう、しょうがないから、それは協力してほしい」と言っていました。外に出された日は、祖父母の家に泊まって、朝、ランドセルだけとりに行って、学校に行きました。祖父母の家は避難場所になっていました。母も、祖父母もかわいがってくれました。外に出されることは、常習化していたので、それが日常だから、麻痺していたのかな、兄弟もそうだからかな、物心ついたときから、「おかしいかな」って思っていたけど、「こういう家なのだ」と思っていました。3兄弟とも荒れなかったけど、反抗もしないから、思春期がありませんでした。高校生のころには、父は手を出すことはなくなりました。小学校の頃までは、何だったんだろうと思います。

　僕が18歳の時に、母が耐え切れなくなって、「家を出る」という話になって、3兄弟で「もう出なよ」と言いました。僕らのために、母も我慢をしているのがわかっていたし、感じていたので「こんなところに居てもしょうがないよ」と言いました。それから別居4年が過ぎて、両親は離婚をしました。父が印を4年間、押しませんでした。母は、「子どもが一番」の人なので、母が苦労したと思います。現在、母は自分の実家の近くに1人暮らしで賃貸です。母は資格を持っている人で、自分のやりたいことも見つかっているから、お金の支援も父から受けていないし、3兄弟も父から援助は受けていないです。

今の気持ちは、家族に対して気持ちは冷ややか、さばさばしています。一応、僕は両方の家に帰ります。父は、ひとりぼっちになってから変わったみたいで、この間、僕を尋ねに○○県に、ひとりで来ました。「お母さんのこと好きだった」って言うし、「一生懸命やってきたはずなのに」みたいなこと言うけど、僕たちの理想の父と、父の理想は違ったので、僕らは「しょうがないんじゃない」と言いました。父は「どうしてなんだろう」って離婚が成立する前に、僕のところに来て、ぼやいていました。

母は、「自分の人生を生きるか、前進」って感じです。母は吹っ切れているのに、父はまだ、「なんでだろうな」と言っています。

＊ J君（20代前半　男性）
父の暴力

父は昔ながらの人というか、厳しめの人で、自分ができることは、みんなできて当たり前と思っている人なのです。補助なしの自転車を練習させてくれたのですが、乗れないので、僕がぐずったりしたとき、「じゃあ、もういい」と言って、自転車を道路に投げられた記憶があります。あと、何か悪いことをしたら、真冬の雪のなかでも、外に引きずり出されていました。いたずらとか、父の部屋に面白いものがたくさんあって、工具とかをいじって勝手に遊んでいたりしたときです。兄も同じように父に外に出されていたから、まあ、それが当たり前だと思っていました。そうすると、母が裏口から入れてくれました。3〜4歳の頃だったと思います。小学校2〜3年までは、続いたと思います。何で怒られたのかは、あまり覚えていないですが、父は、よくわからないことで怒りだしたり、機嫌が悪くなったりするので、それで、僕たちが悪いことをすると、プチンと切れてしまいます。僕らも、3〜4歳の頃とか、おもちゃの片付けをしなかったりしたからです。僕と兄が怒られて、妹は、基本、悪いことはしなかったし、おとなしかったから、外に出されたりはしていませんでした。

母は、父の機嫌が悪いなあと察して、僕たちが外に出されたら、慌てて、裏口から迎えに来る感じです。母は、僕たちに「ちゃんとしなさい。あんたたがちゃんと片付けしないからだよ。よけいなことするからだよ」と言って、家に入れてくれました。そうやって怒られるのが当たり前と思って生きてきているので、離れてみて、普通ではなかったんだということがわかりました。

　父と母の喧嘩は見たことがなくて、僕と兄へのしつけだったと思います。父も、祖父から厳しく育てられたからだと思います。僕たちが年齢を重ねるようになってから、父親が機嫌が悪いときを、察することができるようになったので、怒られなくなっていきました。ご飯のときとか、機嫌が悪いなあと思ったら、さっさと食べて逃げていました。母は、最後まで、緊張状態のなかでも、ずっと食卓にいました。父が強い家で、母は父の機嫌をみている感じで、母に八つ当たりをするところは見たことがありません。

　父が機嫌が悪くなる理由は、わからないことが多かったのですが、父方の祖父母と同居していて、父と祖父がとても仲が悪いです。祖父がネチネチと言うと、父のストレスが溜まっていくのです。そういうときに、僕たちがいたずらとかをしていると、爆発をしてしまいます。今は、僕は家を出ましたが、他は、皆、同居しています。祖父母も年をとってきたから、「ああでもない、こうでもない」というのが少なくなってきてはいますが、先祖代々農家で、父は長男で、農家を継ぐ気はなくて、専門学校に行って、1回就職をしたのですが、戻ってきて、農家を継ぎました。なぜかはわからないですが、「ああでもない、こうでもない」といって、父と祖父が喧嘩をしています。

　経済的な話になってしまいますが、祖父が農家の経営が下手で、借金を作ってしまいましたが、父がゼロにしました。父が頑張って、僕たちが小さいころは、無我夢中で、農家は周囲との付き合いも大事だから、それが落ち着いてきたら、父も気持ちが安定してきたのだと思います。祖父は、僕たち孫には優しいですが、昔は違ったみたいで、父に厳しかったそうです。

　父に対しては、昔から、好きでもなく嫌いでもなく、怒ったら面倒だと思っていたけど、今は、大学にも通わせてもらっているし、いろいろやっ

てもらっているから、感謝の気持ちがあります。怒られたことは、まあ、良い教訓、厳しくしてもらったから、今の自分があるのだと、プラスのほうに、いつも考えています。自分に子どもができたら、雪のなか、子どもを外に出したりはしませんし、自転車を投げなくても、乗れるようにしてあげたいです。父は理不尽なのです。自分が出来ることは、皆、出来て当たり前、と思っている人なので。今でも、「なんで出来ないの」とは言われます。僕は反抗期というのはなかったです。父に反抗をしたら面倒だし、母には、反抗をするような内容はありませんでした。

* Kさん（20代前半　女性）
母のDV離婚と、母の不在

　母は20歳で兄を生んで、３年後に私が生まれて離婚をしました。私は、父のことは写真でしか知らなくて、その人がDVだったそうで、祖父母の家に、その人が空けた穴が壁に残っています。母が言っていますが、私と兄は、祖父母がいなかったら、育てることができなかったそうです。学校の勉強も祖父母に教わっていました。

　小さいときの母の記憶は、毎日、男の人の家に遊びに行って、私が、母が出かけた後、掃除をしていました。母はお酒をたくさん飲むから、テーブルの上に缶ビールがたくさんあって、小学生のときはいつも片づけていました。中学にあがるときに弟が生まれて、それが、母が付き合っていた彼氏で、その彼氏も４人目くらいかな、私が紹介をされたのは。「その人と子どもができた」と言われて、私も小学校６年生くらいのときに、「生んだほうが良いと思う」と言って、弟が生まれたので、母はその人と結婚しました。その人が今の父です。弟が生まれて、母と弟と、その人の３人で暮らし始めて、私と兄は、祖父母の家に住んでいました。今は、祖父は亡くなり、兄は仕事で遠くにいるので、今は、私と祖母の２人で暮らしています。母たちは、歩いて15分くらいの所に住んでいます。他の人とは

違う家庭環境かなって、ずっと小学校の頃から思ってはいました。

　母を見ていて、「私がちゃんとしなければ」と思っていました。私は、母が大好きなのです。だから、母のためなら、なんでもやっていました。母のためだったら、なんでもやってあげたかった。

　祖父母のおかげで、普通の生活ができました。高校生のときも祖母がお弁当を作ってくれました。私は、祖父母のことを「おとうさん、おかあさん」と呼んでいました。母はママで、育ての「おとうさん、おかあさん」は祖父母で、母は、生んでくれた人です。

　母は育児放棄をしたかもしれませんが、仲が良かったです。それが、普通だと思っていたから。母は、いない日のほうが多くて、夜はほとんど彼氏の家に行っていて、でも寂しいと思ったことはありませんでした。兄も祖父母もいるから。母は、お姉ちゃんみたいな存在だったと思います。

　母と祖母は仲が悪いです。祖母が、母と母の妹をいつも比べて育てたから、母は、祖母にずっと反抗期で、今も反抗しています。祖母に対して、母は今も素直になれないです。私は祖母と仲が悪いわけではないので、祖母と２人暮らしでも大丈夫です。

　母に対して、小さいときの嫌な思い出とかは無いです。どこかに連れて行ってもらったりはしていたから。今、私は20歳なので、考えると、夜、出て行ったりすることは、考えられないなあとか思います。私だったら、子どもを置いて遊びになんか行かないし、どうなっているんだと思うけど、でも、その時は、何とも思いませんでした。

　母に対しては、今も、友達というか、姉というか、何でも話せる人、身近な人です。

　でも、私は高校生の頃から胸が苦しくなることがあります。息が止まりそうになります。あと、眠れないので、朝、疲れていて、身体が動かなくなることがあります。頑張りすぎてしまうのですが、どうすればリラックスできるのかわからないのが辛いです。

おわりに

　辛い過去を、私の研究のために語ってくださった 11 名の方に感謝の気持ちでいっぱいです。面前 DV と、父親からの虐待という 2 重の被害があった方からは、「一切、父親に関わってもらいたくない」という言葉が必ず発せられているところが印象的でした。「死んでほしい」と子どもたちは思っていることもわかりました。それだけ、面前 DV と虐待は、子どもに悪影響なのです。

　また、若い E さん、F 君は不登校を経験していますが、2 人の共通点は、「疲れてしまった」というところです。

　学校でも家庭でも、良い子でいなければならないために、頑張りすぎたことが、内容から読みとれます。「これだけ頑張れば、疲れてあたりまえ」という結果の不登校です。いじめが原因として語られる不登校の話が流布していますが、実は、疲れすぎたことが一番の不登校の原因ではないかと、今回の研究から感じました。

　そして、最後の K さんの、母親がほとんど不在だったにも関わらず、「母が好きで、母のためになんでもしてあげたかった」という言葉には、それが子どもの本当の気持ちなのだと思い、涙がでました。

著者プロフィール

須賀朋子（すが　ともこ）

1969年東京都生まれ。
筑波大学大学院人間総合科学研究科ヒューマン・ケア科学社会精神保健学分野を2015年2月に早期修了。博士（学術）筑波大学。東京都公立中学教員を19年間勤務する。その後、ドメスティック・バイオレンスの研究をするために退職して博士論文執筆に専念。2014年国立茨城工業高等専門学校人文科学科講師を経て、2015年から酪農学園大学　准教授に就任し、現在に至る。専門はDV、特別支援教育。

2013年度　日本女性学習財団奨励賞受賞。
2014年度　性の健康医学財団賞受賞。
著書に「中学生へのドメスティック・バイオレンス予防啓発に関する研究」（風間書房 2015）、「授業に活用できる高校生のためのDV、デートDV予防教育プログラム」（かりん舎 2017）、「保育士、教師がDV被害を受けた親子を理解するための本」（かりん舎 2018）等がある。

面前DV、虐待被害者の叫び

著　者	須　賀　朋　子
表紙装画	チアキ（ぷるすあるは）
発 行 日	2020年6月20日
発 行 所	有限会社かりん舎 011-816-1901

ISBN978-4-902591-39-2